COLLECTION
DE FEU LE BARON
MICHEL DE TRETAIGNE

CATALOGUE
DES
TABLEAUX
MODERNES

DONT LA VENTE AURA LIEU

HOTEL DROUOT, Salles n°s 8 et 9

Le Lundi 19 Février 1872

A DEUX HEURES TRÈS-PRÉCISES

EXPOSITIONS

Particulière	Publique
Le Samedi 17 Février 1872	*Le Dimanche 18 Février 1872*

DE UNE HEURE A CINQ HEURES.

M. CHARLES PILLET	M. FRANCIS PETIT
COMMISSAIRE-PRISEUR	EXPERT
10, rue la Grange-Batelière	7, rue Saint-Georges

Chez lesquels se distribue le Catalogue.

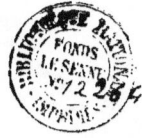

CONDITIONS DE LA VENTE

Elle sera faite au comptant.

Les adjudicataires payeront *cinq pour cent* en sus des enchères.

NOTE

Nous publierons au premier jour un catalogue de cette Collection, illustré de dix-neuf eaux-fortes d'après les principaux tableaux.

Ce Catalogue sera vendu au profit des pauvres : 10 francs.

Paris. — Typ. Pillet fils aîné, 5, rue des Grands-Augustins.

DÉSIGNATION

BARON

1 — L'écureuil.

Deux jeunes femmes, à demi couchées sur un tertre dans la campagne, jouent avec un écureuil.

Haut., 23 cent.; larg., 24 cent.

BARON

2 — Confidences.

Trois femmes sont assises dans un bois ; une d'elles lit une lettre, les deux autres écoutent avec grand intérêt.

Haut., 19 cent.; larg., 27 cent.

ROSA BONHEUR

3 — Pâturage.

Un bœuf est debout dans la campagne, levant sa tête pour beugler; près de lui sont deux vaches couchées.

Tout à fait au premier plan, une mare avec un canard.

Haut., 59 cent.; larg., 79 cent.

BONNINGTON

4 — La Seine à Rouen.

La rivière est animée par quelques bateaux marchands; leurs voiles sont déployées; on aperçoit la ville à l'horizon.

Tout petit panneau plein de lumière et de soleil.

Haut. 9 cent.; larg., 12 cent.

BRASCASSAT

5 — Animaux au pâturage.

Un taureau noir et blanc, des vaches et des moutons dans une prairie, traversée au loin par une rivière.

Tableau très-précieux d'exécution.

Haut., 32 cent.; larg., 40 cent.

BRASCASSAT

6 — Deux moutons.

L'un est couché, l'autre debout dans un pâturage ; on voit au loin d'autres moutons sortir du parc où ils étaient enfermés.

Haut., 42 cent.; larg., 50 cent.

CABAT

7— Paysage normand.

A gauche, une sorte de presqu'île ombragée de grands arbres, dont plusieurs étendent leurs branches au-dessus de la rivière qui les contourne, et au bord de laquelle des vaches sont venues boire.

Au fond, à droite, un village dont plusieurs maisons sont entourées d'arbres. A gauche, un pêcheur dans un bateau.

Le ciel lumineux se reflète dans les eaux.

Haut., 41 cent. ; larg., 60 cent.

CHAVET

8 — Joueur de violoncelle.

Seul, dans un intérieur très sobre de détails, il est assis devant une table, sur laquelle est posé son pupitre.

Il fait courir son archet sur les cordes de l'instrument qu'il tient devant lui.

Haut., 25 cent.; larg., 18 cent.

COROT

9 — **Paysage.**

Un massif d'arbres au milieu; à gauche une colline; à droite, un étang. Au premier plan, un paysan qui cause avec deux femmes, et sous les arbres des animaux.

Haut., 43 cent.; larg., 75 cent.

DAUBIGNY

10 — **Mare avec canards.**

Des petits arbres légers de forme ombragent une mare toute pleine de roseaux, et dans laquelle se promène toute une bande de canards.

Haut., 24 cent. ; larg., 35 cent.

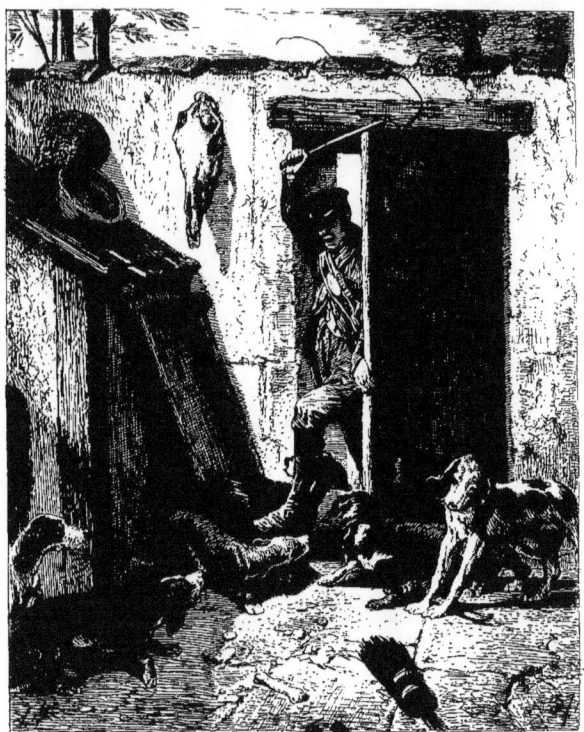

Le Chenil

DECAMPS

11 — **Le chenil.**

Un piqueur entr'ouvre à peine la porte du chenil pour y entrer, que tous les chiens se précipitent pour en sortir. Il les repousse à coups de pied et à coups de fouet.

Les murs de la cour sont vivement éclairés par le soleil.

Il était impossible de rendre cette scène avec plus de vérité et d'originalité; ce tableau est, en tous points, de la plus belle qualité.

Haut., 46 cent.; larg., 39 cent.

DECAMPS

12 — Intérieur de cour en Italie.

Rien n'est plus pittoresque que cette construction ; les grands murs colorés par le temps et le soleil, les perrons de pierre ruinés, la galerie de bois où sèche le linge et la grande voûte sombre qui s'ouvre au milieu de la cour. Les figures sont empreintes du même caractère et se confondent dans la coloration puissante du tableau ; des femmes et un jeune garçon regardent des enfants qui jouent avec un chien.

C'est une œuvre de premier ordre.

Haut., 61 cent. ; larg., 50 cent.

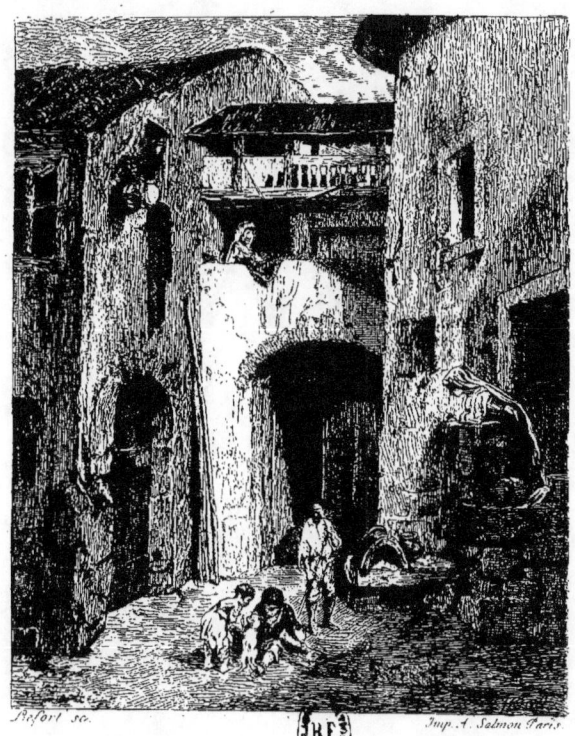

Decamps

Intérieur de Cour en Italie

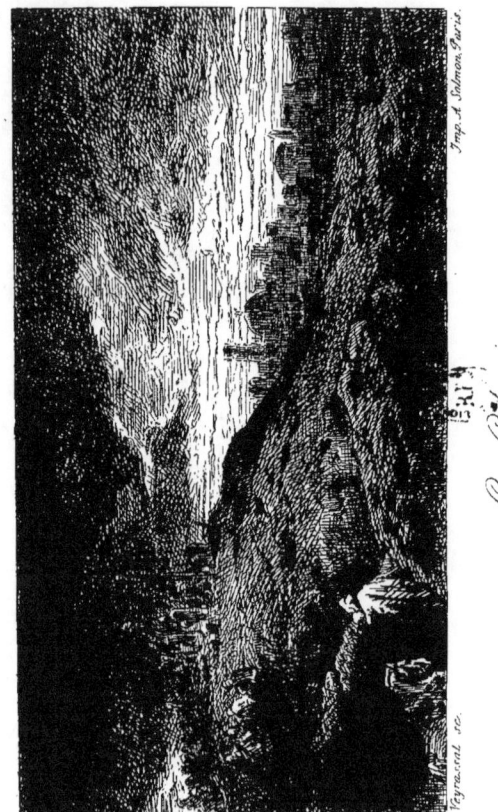

Decamps

La Cuisinière.

DECAMPS

13 — **Le Calvaire.**

Le Christ vient d'être élevé sur la croix entre les deux larrons, au milieu de la foule assemblée. Le ciel, couvert de nuages noirs, se déchire à l'horizon et laisse percer une lumière brillante qui éclaire les murs de Jérusalem.

Cette petite toile est d'un effet saisissant et d'un grand caractère.

Haut., 24 cent. ; larg., 38 cent.

DECAMPS

14 — Cour de l'hôtellerie de St-Nicolas (Italie).

Les murs élevés de l'habitation sont en partie éclairés par le soleil et en partie dans l'ombre ; à un balcon de pierre sont accoudés une femme et un enfant; puis, à une fenêtre, du linge étendu; au milieu s'ouvre la voûte d'un escalier à larges degrés qui semble conduire à une cour voisine.

Deux chevaux sont arrêtés à la porte, en haut de laquelle flotte l'enseigne du grand saint Nicolas ; leur conducteur leur apporte à boire.

Au premier plan, deux enfants assis jouent avec un chien.

Tableau d'une grande finesse d'exécution, et très-lumineux.

Haut., 47 cent. ; larg., 39 cent.

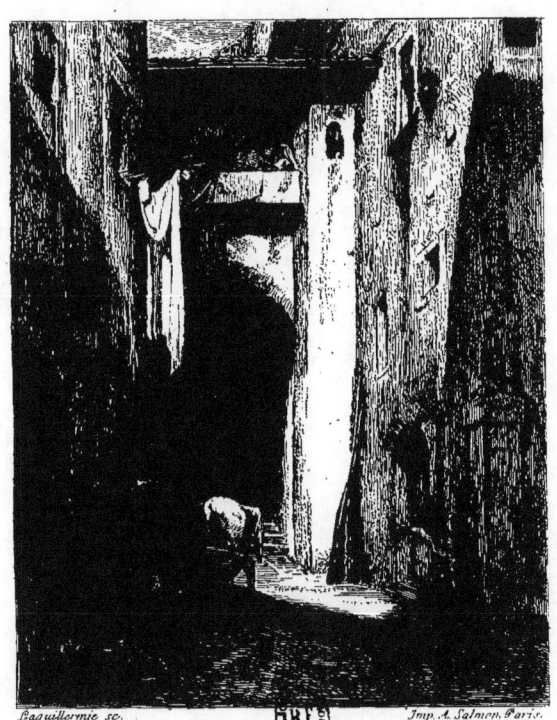

Cour de l'hôtellerie St. Nicolas
Italie

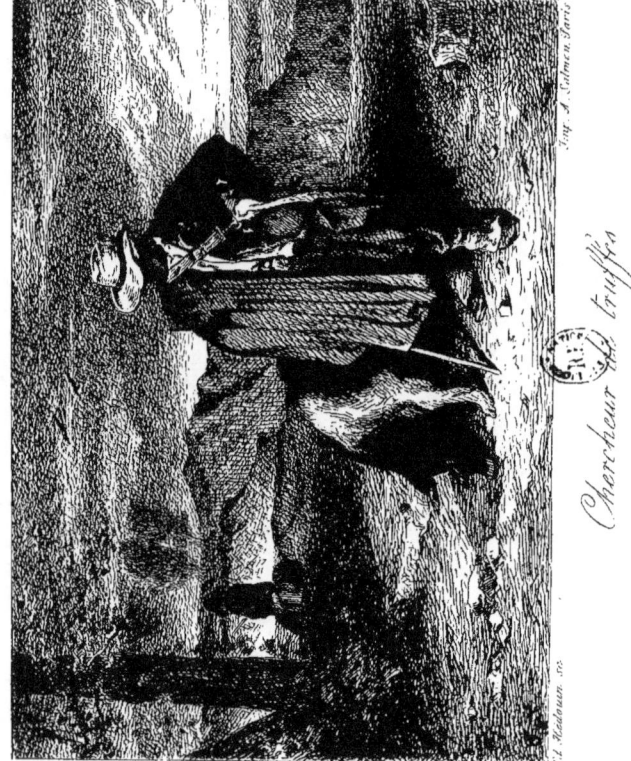

Decamps

Chercheur de truffes

DECAMPS

15 — **Chercheurs de truffes.**

Un paysan du Tarn, le chapeau sur la tête, le manteau sur l'épaule, suit un porc tacheté de blanc et de noir, qui fouille la terre à ses pieds.

Plus loin, à gauche, dans un ravin, un paysan et un cochon noir.

Le paysage est très-beau et l'ensemble du tableau d'un ton superbe.

Haut., 24 cent. ; larg., 32 cent.

DECAMPS

16 — Le renard pris au piége.

Un vieux garde-chasse, le fusil au bras, s'approche d'un piége où s'est laissé préndre un renard. Deux petits chiens bassets couplés aboient après l'animal qui cherche à s'enfuir.

Le paysage représente la lisière de la forêt de Fontainebleau. Le ciel est orageux.

Tableau d'un ton vigoureux et d'une belle exécution.

Forme ovale. Haut., 25 cent.; larg., 31 cent.

DECAMPS

17 — Enfants déjeunant.

Deux petites filles et un jeune garçon sont assis en plein soleil devant le mur d'une habitation. Une des petites filles tient sur ses genoux une jatte de lait ; chacun y puise avec une cuiller. Le petit garçon donne sa cuillerée à un chat.

Sur le terrain, un paquet de fleurs, un chapeau de paille et un petit chariot cassé.

Haut., 32 cent. ; larg., 46 cent.

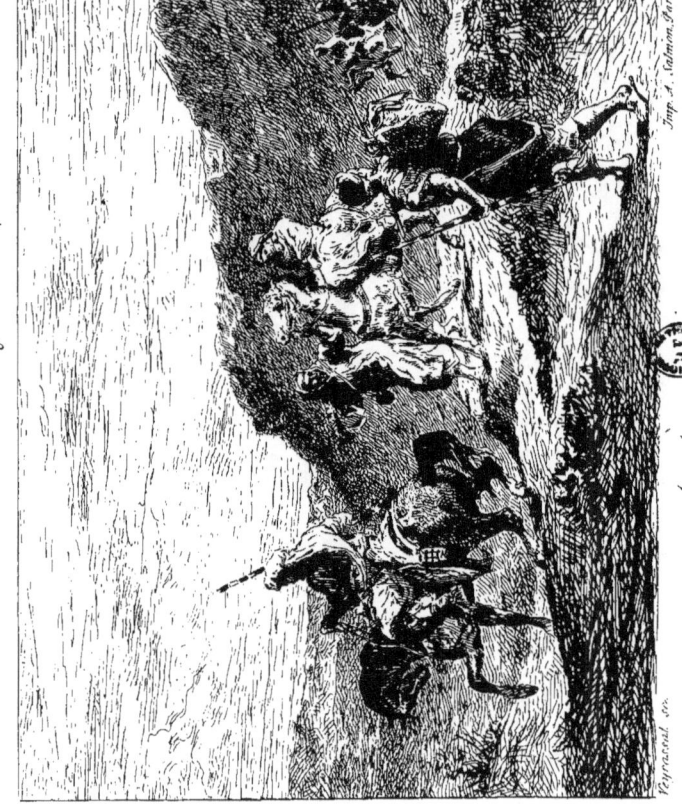

Delacroix (Eugène)

Arabes en voyage

DELACROIX

(EUGÈNE)

18 — **Arabes en voyage.**

Le chef marche à la tête de la caravane, son fusil à la main et retenant son cheval qui descend une côte. Derrière lui, un Arabe conduit par la bride un cheval blanc, monté par une femme enveloppée d'un burnous. Un serviteur suit à pied, portant des paniers. Derrière eux viennent d'autres cavaliers.

Le paysage, accidenté de montagnes et de collines, est éclairé par un ciel du matin.

Haut., 53 cent. ; larg., 65 cent.

DELACROIX

(EUGÈNE)

19 — **Cavalier arabe attaqué par un lion.**

Le lion, le cheval et l'homme ne semblent faire qu'un, embrassés qu'ils sont dans une même étreinte. Le cheval s'est dressé presque debout; le cavalier, encore en selle, a quitté les étriers ; son yatagan à la main, il va percer le lion dont les griffes et les dents mordent le cheval au poitrail.

Ce tableau est un chef-d'œuvre d'arrangement, de mouvement et d'harmonie de ton.

Haut., 46 cent. ; larg., 37 cent.

Delacroix (Eugène)

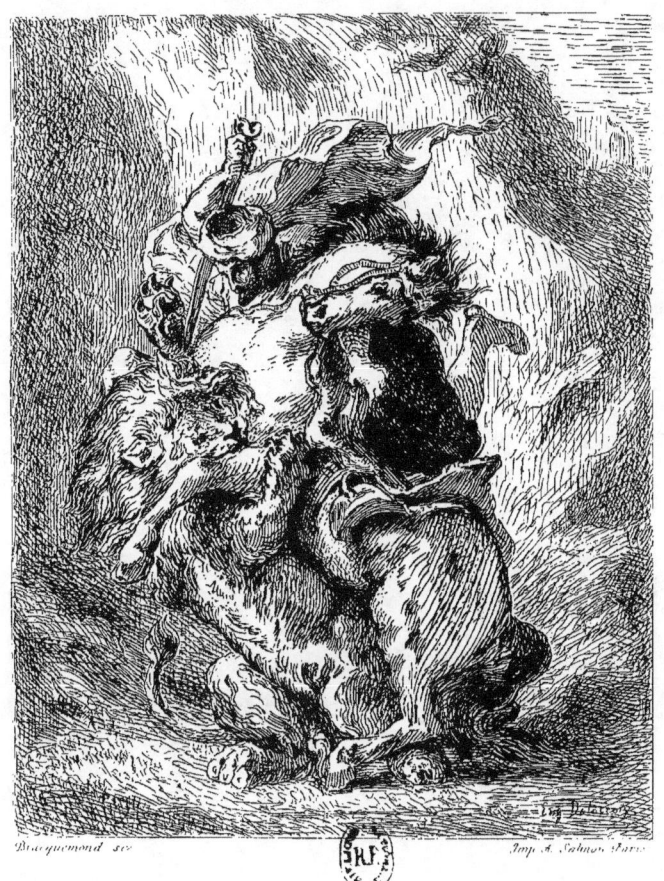

Cavalier arabe attaqué par un Lion

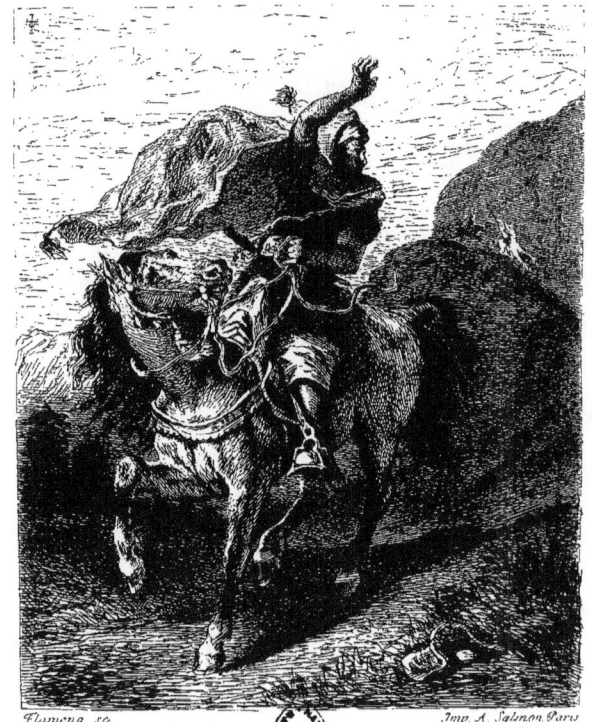

Cavalier arabe en Vedette

DELACROIX

(EUGÈNE)

20 — Cavalier arabe en vedette.

Monté sur un cheval isabelle qu'il retient vigoureusement par la bride, il se retourne pour appeler à lui deux autres cavaliers que l'on voit accourir au loin.

Le vent soulève violemment les larges plis de son burnous rouge.

Haut., 55 cent. ; larg., 40 cent.

DELAROCHE

(PAUL)

21 — Tête de jeune moine.

Cette étude est datée de Rome, 1837.

Haut., 41 cent. ; larg., 32 cent.

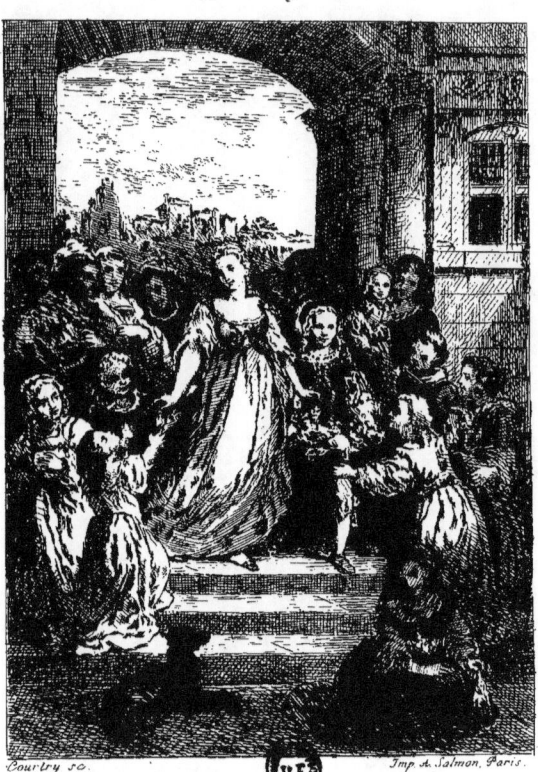

La fée aux joujoux.

DIAZ

666   22 — **La fée aux joujoux.**

La foule se presse sur son passage ; elle arrive, belle et parée, suivie d'un petit page portant mille joujoux. Les enfants joyeux tendent leurs petites mains et convoitent les dons.

Derrière elle, des seigneurs et des dames lui font cortége.

La coloration de ce tableau est joyeuse comme son sujet. Diaz seul sait trouver ce charme d'arrangement.

Haut. 76 cent. ; larg., 54 cent.

DIAZ

23 — Le génie couronné par les Amours.

C'est une composition charmante, où toutes les qualités du peintre sont réunies.

Le Génie enfant et les deux Amours forment un trio charmant de ton ; le tribunal féminin trône gracieusement sous le portique d'un temple à demi fermé par une grande draperie que relèvent deux Amours voltigeant dans l'air.

La coloration est vigoureuse et claire tout à la fois.

Haut., 43 cent.; larg., 27 cent.

Diaz

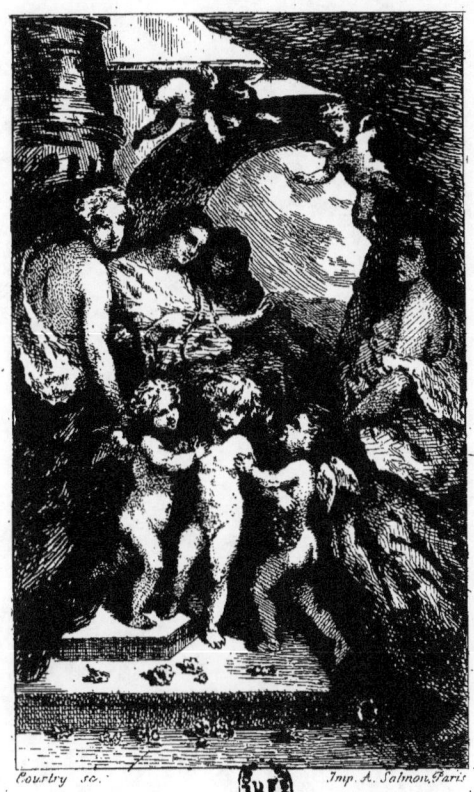

Courtry sc.   Imp. A. Salmon, Paris

Le génie couronné par les amours

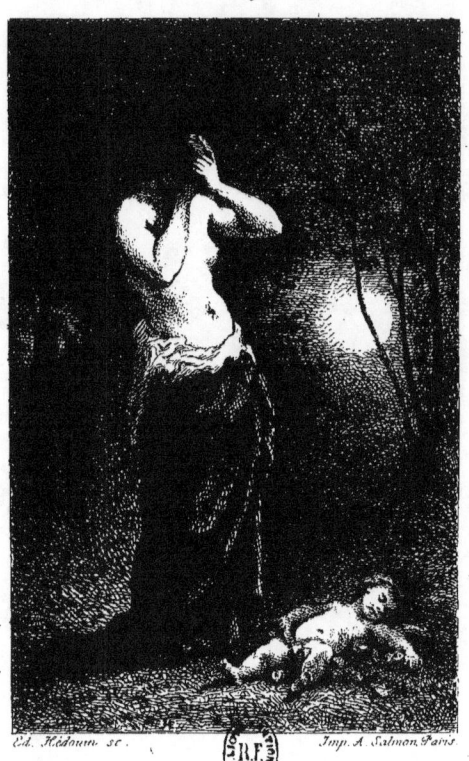

La fin d'un beau jour

DIAZ

1600 24 — **La fin d'un beau jour.**

La nuit est venue ; la lune se lève pleine et lumineuse à l'horizon ; sa lumière pénètre au milieu des bois et éclaire de ses reflets tout une scène charmante.

Une jeune femme, le corps couvert seulement à demi de draperies, se voile le visage de ses deux mains et pleure en voyant à ses pieds l'Amour endormi au milieu des fleurs.

Haut., 40 cent. ; larg., 25 cent.

DIAZ

25 — Le maléfice.

Une jeune fille, entraînée dans un bois, la nuit par une vieille femme, écoute en tremblant les paroles qu'elle lui dit à l'oreille.

La lune, à peine voilée de légers nuages, éclaire de sa pâle lumière et les figures et le paysage.

Haut., 32 cent.; larg., 24 cent.

Diaz

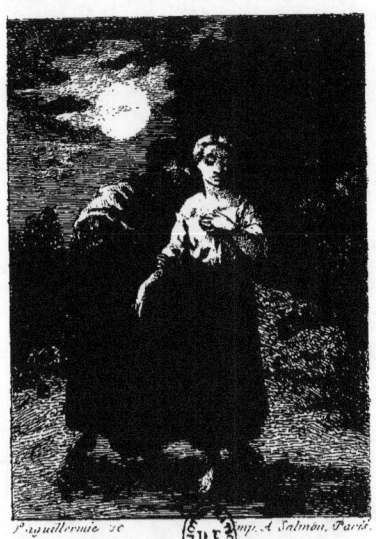

Le Maléfice

DIAZ

26 — La partie de boules.

Toute une petite réunion d'enfants, vêtus de riches costumes orientaux, jouent aux boules sous des grands arbres dans la campagne.

C'est le moment où l'on discute la partie.

Haut., 24 cent.; larg., 35 cent.

DIAZ

27 — Le lézard.

Une foule de petits enfants turcs réunis dans les jardins d'un harem jouent avec un lézard.

L'un d'eux veut atteindre avec une baguette le pauvre animal qui cherche à s'enfuir.

Haut., 24 cent.; larg., 35 cent.

DIAZ

28 — Forêt de Fontainebleau.

On est en pleine forêt, la terre est jonchée de grès, au premier plan, est une petite mare d'eau ; le soleil pénètre en mille endroits et éclaire vivement les troncs d'arbres et les terrains.

Haut., 54 cent. ; larg., 70 cent.

DIAZ

29 — Intérieur de forêt.

Au milieu des grands arbres d'une forêt on aperçoit une éclaircie par laquelle le soleil entre largement.
Une femme vient de faire du bois.

Haut., 55 cent.; larg., 72 cent.

DUFOURMANTELLE

30 — La leçon de lecture.

Une jeune mère enseigne à lire à sa petite fille dans un livre à images.

Haut., 24 cent.; larg. 18 cent.

DUFOURMANTELLE

31 — Le livre de croquis.

Une petite fille, assise dans un grand fauteuil, feuillette un livre de croquis qu'elle tient sur ses genoux.

Haut., 24 cent.; larg., 18 cent.

DUFOURMANTELLE

32 — Le petit modèle.

Une petite fille, assise dans un atelier, regarde un tableau placé sur un chevalet.

Haut., 24 cent.; larg., 18 cent.

DUPRÉ

(JULES)

33 — Paysage, le moulin.

Un vieux chêne au bord d'une mare, quelques animaux dans le chemin, et sur la droite, un moulin à vent sous un ciel agité et lumineux.

Haut., 25 cent.; larg., 35 cent.

DUPRÉ

(JULES)

34 — La mare.

Une mare au milieu d'une plaine avec quelques animaux, à l'horizon, une ligne d'arbres bas, et au premier plan, une petite figure,
Le ciel est couvert de nuages gris et blancs.

Haut., 24 cent.; larg., 35 cent.

FAUVELET

35 — **La leçon de dessin**.

 Une jeune femme, assise et tenant un portefeuille sur ses genoux, dessine d'après une figure de Vénus.
 Son professeur, debout derrière elle, lui indique du geste la petite figure.
 Costumes de l'époque de Louis XV.

Haut., 24 cent. ; larg., 19 cent.

FAUVELET

36 — **Le récit**.

 Un jeune homme, debout, le chapeau sous le bras, cause avec une jeune femme assise près d'une cheminée.
 Costume de l'époque de Louis XV.

Haut., 25 cent.; larg., 19 cent.

GIROUX
(ACHILLE)

37 — **Chevaux au vert**.

 Au premier plan, deux chevaux debout et un autre couché dans la prairie; au loin d'autres chevaux : le ciel est orageux.

Haut., 25 cent. ; larg., 40 cent.

GIROUX

(ACHILLE)

38 — **Intérieur d'écurie.**

> Un cheval de trait gris pommelé, étrillé par un palfrenier.
>
> Haut., 32 cent.; larg., 42 cent.

GUDIN

39 — **Plage de Schéveningue.**

> La mer est basse, les barques de pêcheurs sont sur le sable. Le soleil éclaire le ciel et la mer de reflets argentés.
> La plage est animée de quelques figures.
>
> Haut., 42 cent.; larg., 55 cent.

GUILLEMIN

40 — **Après le repas.**

> Un garde-chasse breton, assis sur un banc, fume sa pipe, accoudé sur une table où sont les restes de son repas : du pain, des oignons et une cruche d'eau.
>
> Haut., 25 cent.; larg., 19 cent.

GUILLEMIN

41 — Les petits chats.

Une jeune Bretonne interrompt son tricot pour regarder une chatte et ses petits qui jouent sur un fauteuil.

Haut., 35 cent.; larg., 27 cent.

GUILLEMIN

42 — Jeune femme peignant.

Elle est assise devant son chevalet, dans un élégant intérieur d'atelier; sa palette à la main, elle regarde des fruits posés sur une table et qui lui servent de modèle.

A terre sont des portefeuilles, des livres et des dessins.

Haut., 35 cent.; larg., 27 cent.

HÉBERT

43 — La malaria.

Famille italienne fuyant la contagion.
Réduction avec variante du tableau du musée du Luxembourg.

Haut., 35 cent.; larg., 49 cent.

HÉBERT

44 — Les cervarolles.

Des femmes et une petite fille se croisent dans une rue à grands degrés, elles portent sur leur tête les larges vases de cuivre qui servent à puiser l'eau.
Réduction du tableau du musée du Luxembourg.

Haut., 73 cent.; larg., 43 cent.

JACQUE

45 — Basse-cour.

Un coq et des poules dans une basse-cour, plusieurs sont perchées sur une échelle qui conduit au poulailler.

Haut. 31 cent.; larg., 21 cent.

MEISSONIER

46 — **Les deux Van de Velde.**

Guillaume, assis au chevalet de son frère, le chapeau à la main, un manteau rouge sur les épaules et vêtu d'un élégant costume gris, regarde attentivement un tableau en train. Adrien, debout, adossé et accoudé à un bahut, la palette et les brosses à la main écoute avec intérêt les conseils de son frère.

Le bahut est couvert d'objets de toute nature ; à terre est un portefeuille ouvert, rempli de dessins ; à droite une chaise.

Ce tableau est remarquable à tous les points de vue. C'est une œuvre complète.

Haut., 27 cent.; larg., 21 cent.

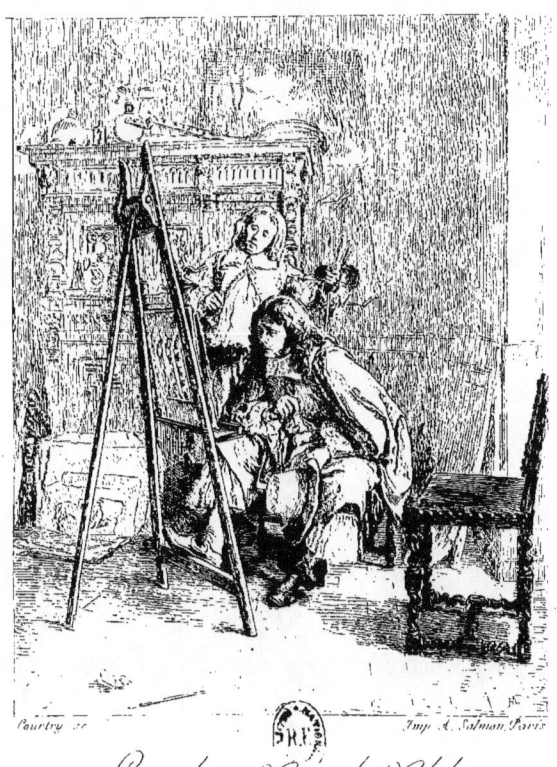

Les deux Van de Velde

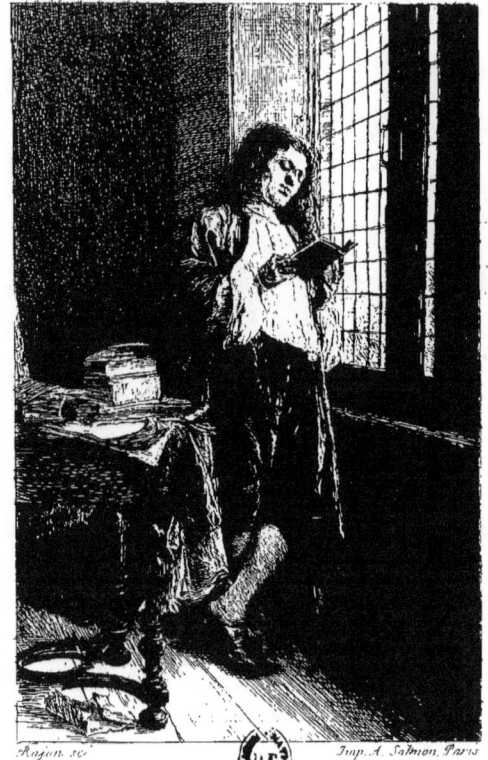

Jeune homme lisant.

MEISSONIER

47 — Jeune homme lisant.

Le jour baisse, il s'est approché de la fenêtre et parcourt un livre qu'il tient à la main. Il est debout, appuyé contre le volet ouvert et vêtu d'un riche costume de chambre en velours grenat.

Près de la fenêtre une table chargée de livres et la chaise qu'il vient de quitter. L'intérieur est déjà en partie dans l'obscurité.

Tableau d'une coloration très-vigoureuse et d'une belle exécution.

Haut., 20 cent.; larg., 15 cent.

MEISSONIER

48 — Jeune homme à l'étude.

L'étude absorbe bien complétement son esprit, il dévore son livre, installé tout à l'aise dans un fauteuil.

A côté de lui, sur une petite table, sont des livres; à terre, un portefeuille; sur une chaise, des cahiers roulés.

Au fond, sur un meuble en bois de rose, d'autres livres et des papiers.

La lumière qui pénètre par la fenêtre est douce et harmonieuse.

Tout, dans cet intérieur, est d'une intimité parfaite; tout est délicat et fin dans ce tableau.

Haut., 50 cent.; larg., 14 cent.

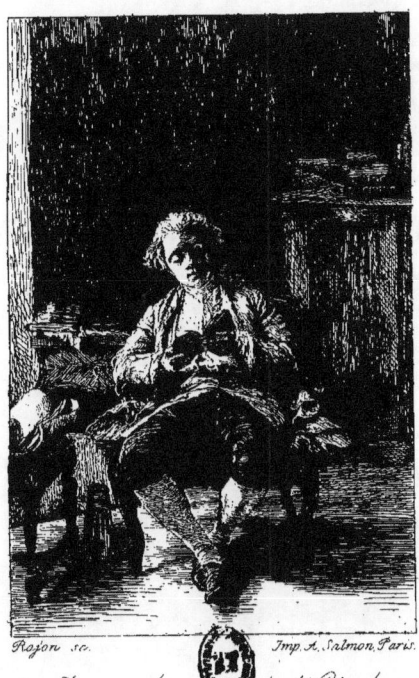

Jeune homme à l'Étude

MEISSONIER

49 — Jeune homme à l'étude.

Dessin au crayon du tableau précédent.

Haut., 11 cent.; larg., 8 cent.

PALIZZI

50 — Pâtre italien.

C'est l'heure où on trait les animaux ; des vaches, des chèvres et des moutons sont groupés sur le versant d'une colline, une petite fille trait une chèvre, le pâtre tient dans ses mains une jatte de lait.

Haut., 63 cent.; larg., 47 cent.

PLASSAN

51 — Le coffret aux lettres.

Une jeune femme relit des lettres qu'elle retire d'un petit coffret posé sur une table près d'elle.

Haut., 16 cent.; larg., 11 cent.

ROBERT FLEURY

52 — Galilée.

Le célèbre astronome est assis la nuit au sommet de la tour de Pise, il regarde le ciel constellé d'étoiles et tient à la main un télescope.

Haut., 44 cent.; larg., 34 cent.

ROQUEPLAN

53 — Béarnaise.

Une paysanne en costume du Béarn est assise sur une pierre dans la campagne, elle file à la quenouille; dans l'herbe, à ses pieds est un grand vase en terre renversé. On voit au second plan une autre paysanne debout.

Haut., 38 cent.; larg., 28 cent.

ROQUEPLAN

54 — Petite fille à la chèvre.

Après avoir couru la campagne avec sa chèvre et fait une ample moisson de fleurs dans son chapeau, la petite fille se repose à demi étendue sur le terrain, et la chèvre broute les fleurs.

Haut., 41 cent. ; larg., 32 cent.

Mon cher monsieur

J'ai passé chez m. Lemoinier et l'on m'a dit que l'on avait fait les essais du tableau de Huguenin la femme à la chèvre — Envoyez moi S.V.P. épreuve et tableau puisque vous les avez chez vous.

Votre très Dévoué
Michel de Castaigne

9/4 avr

1st May -72

Don Mitchel

ROQUEPLAN

1840   55 — **A la fontaine.**

Une petite fille, la tête couronnée de fleurs, est assise au bord d'une fontaine dans la campagne, elle a laissé aller à l'eau le vase qu'elle était venue remplir, et cherche à retirer une épine de son pied.

Un grand chien est couché sur un tertre auprès d'elle.

Haut., 35 cent. ; larg., 31 cent.

ROUSSEAU

(THÉODORE)

56 — Bouquet d'arbres près d'un cours d'eau.

Ce paysage est d'une composition charmante ; les bras d'un cours d'eau s'étendent de divers côtés dans la prairie, le terrain en avant est semé de buissons et de plantes ; au delà de l'eau, des saules et un grand bouquet d'arbres, et à l'horizon, tout le pays boisé.

Le ciel, bleu et fin de ton, éclaire le paysage d'une lumière blonde et harmonieuse.

Des vaches et une petite figure animent la composition.

Haut., 42 cent. ; larg., 65 cent.

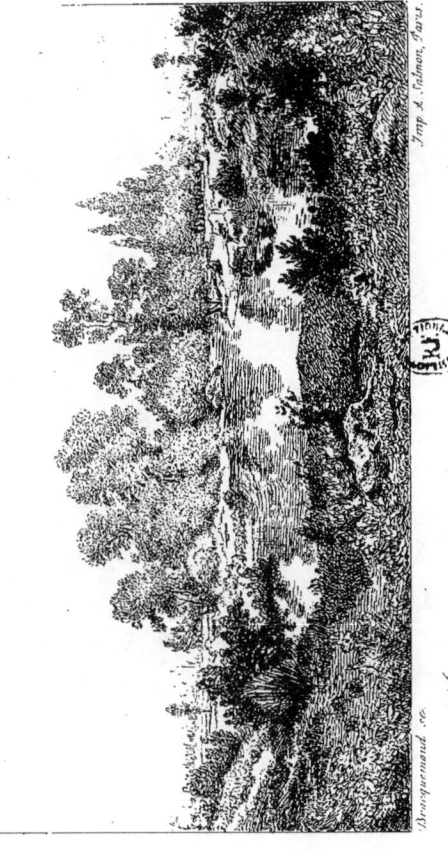

Rousseau (Théodore)

Bouquet d'Arbres près d'un cours d'eau

ROUSSEAU

(PHILIPPE)

57 — **Cour de ferme.**

Les bâtiments de la ferme s'étendent sur deux côtés et au loin ; sur le devant, une mare avec des canards et des poules.

Haut., 18 cent. ; larg., 27 cent.

SAINT-JEAN

58 — **Fruits.**

Des pêches, des prunes, des framboises et du raisin posés sur un terrain et entourés de feuilles.

Haut., 32 cent. ; larg., 40 cent.

SCHEFFER

(ARY)

59 — **Médora.**

« Le troisième jour se lève et passe et Conrad ne re-
« vient pas, ce jour-là Médora l'a passé à épier tout ce
« que l'espoir pouvait présenter sous l'apparence d'un
« mât. Elle est assise tristement sur la hauteur. »

Le Corsaire, de BYRON.

Haut., 22 cent. ; larg., 16 cent.

TASSAERT

60 — **Pauvres enfants!!**

La campagne est couverte de neige : une jeune fille, pâle et abattue de froid et de fatigue, est assise à la porte d'une maison abandonnée : le lourd fagot qu'elle portait est tombé à ses pieds; un petit enfant, assis près d'elle, se rapproche pour se réchauffer.

Haut., 32 cent. ; larg., 24 cent.

Troyon

Le passage du Bac

TROYON

32 800 61 — **Le passage du bac.**

Durand Ruel.

    Les mariniers poussent encore le bac à la rive, que déjà les animaux en descendent ; une vache vient boire, une autre est à l'eau, des moutons, une chèvre et une vache brune sont groupés sur le terrain en avant du bac.

    Le paysage s'étend au loin, il pleut à l'horizon, mais un rayon de soleil éclaire tout le premier plan et les animaux.

Haut., 1 m. 08 cent. ; larg., 1 m. 45 cent.

TROYON

62 — **Animaux au pâturage près d'un bois.**

Une belle vache rousse, tachetée de blanc, sort d'un bois, chassée par une petite fille, et passe derrière des moutons groupés au bord d'une mare ; plus loin, une chèvre et des moutons au milieu des hautes herbes qui poussent sur la lisière des bois.

A droite, un jeune garçon, la tête couverte d'un chapeau de paille, est assis sur un tronc d'arbre renversé, et caresse un chien noir.

Tableau d'une exécution superbe, vigoureusement peint et d'une belle coloration.

Haut., 69 cent.; larg. 94 cent.

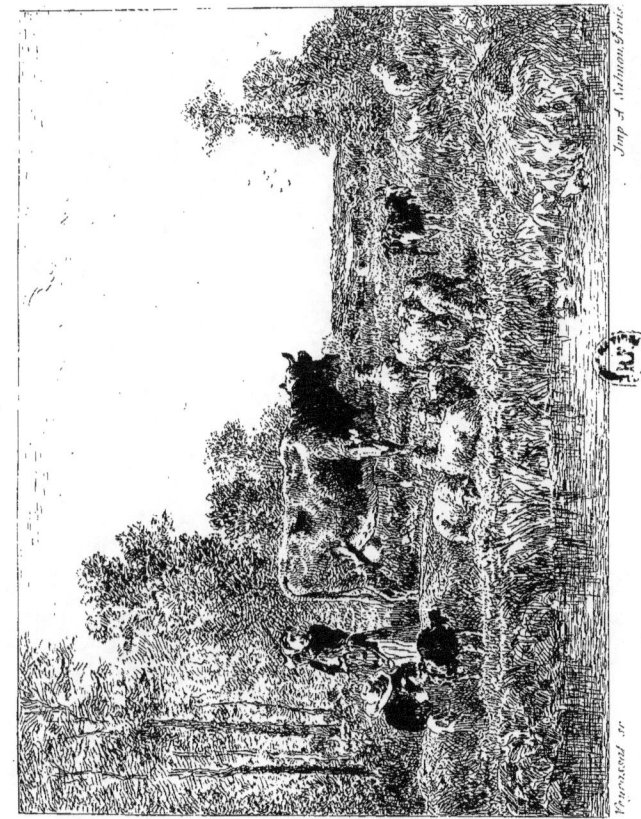

Troyon

Animaux au pâturage près d'un bois.

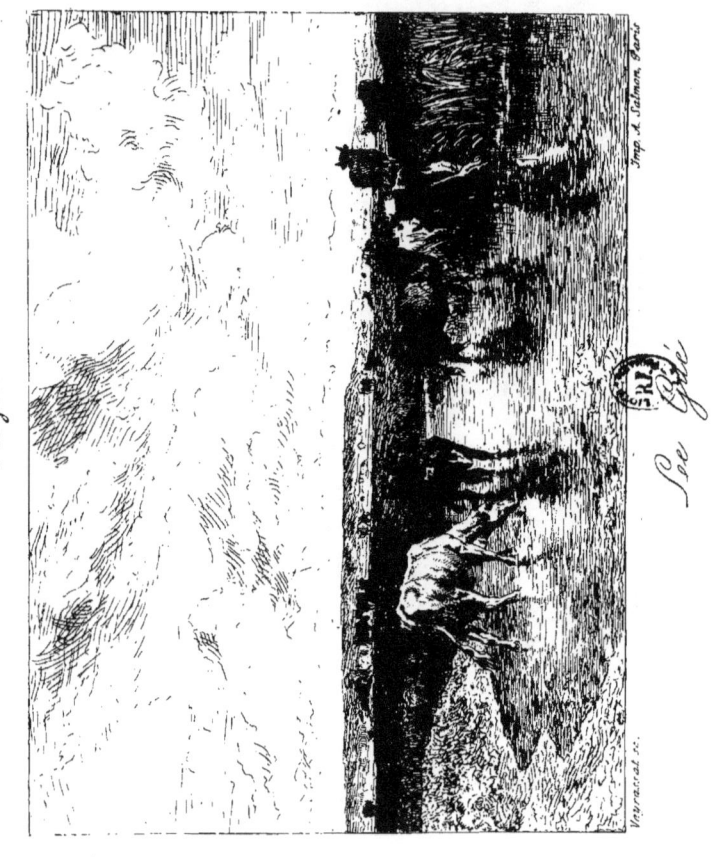

TROYON

63 — Le gué.

Une belle prairie normande s'étend à perte de vue, couverte d'animaux. Au premier plan, des vaches passent un gué, d'autres sont déjà sorties de l'eau et montées sur le terrain qui domine le ruisseau.

Tout le tableau est clair et brillant, les animaux sont d'une exécution très-serrée, le ciel est couvert de nuages argentés.

Haut., 51 cent.; larg., 80 cent.

TROYON

64 — Animaux sous bois.

Une vache, deux chevaux et un âne, groupés à l'entrée d'un bois.

Haut., 29 cent. ; larg., 44 cent.

ZIEM

65 — La Cannebière et le port de Marseille.

Il est impossible de mieux rendre l'animation du port et de la ville, les grands bâtiments amarrés, les mille barques de promenade groupées aux quais, et la lumière brillante qui éclaire les maisons de la Cannebière.

Haut., 41 cent. ; larg., 60 cent.

www.ingramcontent.com/pod-product-compliance
Lightning Source LLC
Chambersburg PA
CBHW070316230526
45470CB00002B/896